AF438281

LE VANDALISME

DE « LA GENT CLÉRICALE »

ET

CELUI DE LA RÉVOLUTION

LETTRE

Au Rédacteur du journal LIMOUSIN ET QUERCY

PAR L'ABBÉ

J.-B. POULBRIÈRE

Professeur de Rhétorique au Petit-Séminaire de Servières
Inspecteur départemental de la Société française d'Archéologie,
Membre de l'Institut des Provinces
et de la Société archéologique et historique du Limousin

TULLE

IMPRIMERIE DE J. MAZEYRIE

—

Mars 1878

LE

VANDALISME DE « LA GENT CLÉRICALE »

ET CELUI DE LA RÉVOLUTION

Extrait du journal Limousin et Quercy.

LE VANDALISME

DE « LA GENT CLÉRICALE »

ET

CELUI DE LA RÉVOLUTION

LETTRE

Au Rédacteur du journal LIMOUSIN ET QUERCY

PAR L'ABBÉ

J.-B. POULBRIÈRE

Professeur de Rhétorique au Petit-Séminaire de Servières
Inspecteur départemental de la Société française d'Archéologie,
Membre de l'Institut des Provinces
et de la Société archéologique et historique du Limousin

TULLE

IMPRIMERIE DE J. MAZEYRIE

Mars 1878

LE VANDALISME

DE « LA GENT CLÉRICALE »

ET CELUI DE LA RÉVOLUTION

I

Monsieur le Rédacteur,

Je viens de lire votre dernière feuille*;
et, en y trouvant sous la plume de votre
correspondant de Limoges les malédic-
tions déchargées contre nous, sous un
prétexte d'art ou d'archéologie, par le
journal républicain du lieu, je ne puis
contenir un mouvement qui, pour n'être
pas tout à fait celui de la colère, ni seulement celui de la surprise, ne m'en met
pas moins dans la nécessité de vous
adresser sur l'heure quelques mots.

Voilà donc nos pauvres moines de
Saint-Martial de Limoges convaincus
d'avoir, en des temps reculés, contribué,

---

* 24 mars 1878.

comme tout le monde, à la démolition des anciennes Arènes ! Qu'en nos jours de progrès et de lumière des municipalités, des administrations civiles, aient détruit, ou achevé de détruire grand nombre de monuments romains : par exemple, l'amphithéâtre de Cahors, celui de Poitiers, les murs de Dax, ceux du Mans, à cela point de protestation. Mais des moines, et des moines du moyen-âge ! Les voilà, pour ce fait de lèse-antiquités, pris à partie, malmenés, conspués, livrés comme de raison à la vindicte publique, et avec eux, bien entendu, toute « la gent cléricale » dont ils faisaient partie ! L'avenir démocratique ne saura désormais des moines de Saint-Martial de Limoges que ce fait indéniable et brutal : Ils ont démoli les arènes de l'antique cité !...

J'aurais cru cependant que les moines de Saint-Martial de Limoges avaient d'autres titres à l'attention et même à la reconnaissance de la postérité. Il me semble me rappeler qu'il existe de par le monde certaines *Chroniques* revêtues de leur nom, écrites de leurs mains, éditées, non sans félicitations, par des savants qui ne sont pas non plus sans tout mérite. Il est question là-dedans d'une bibliothèque assez volumineuse, pour des temps où les livres coûtaient plus qu'aujourd'hui ; on y voit des maîtres qui, à la gloire de se conduire en saints, unirent le bonheur de compter des élèves tels, par exemple, qu'Adémar de Chabannes ; on y trouve des abbés magnifiques qui qui surent élever l'infirmerie du cloître jusqu'à « la ressemblance d'un palais ; » on y rencontre enfin des moines orfèvres qui chargèrent d'œuvres d'art les autels de leur église et façonnèrent de leurs mains habiles des châsses « d'un travail admirable. » N'a-t-on pas aussi parlé quelquefois, dans le monde des lettres, de certain *mystère* de Saint-Martial qui intéressait assez nos érudits modernes ? Ne dit-on pas également que l'ancienne basilique du monastère captivait passablement autrefois le monde de l'art, de l'histoire, de l'archéologie ? Oui, mais il a disparu, « ce berceau de la foi en Limousin, cet asile où dormaient tant de grands hommes, ce musée enrichi par la piété des siècles ! » Il a disparu de 1791 à 1807, et M. l'archéologue radical voudrait-il bien nous dire si c'est « la gent cléricale » qui mit ainsi seize ans à sa démolition, et qui remplaça par un théâtre le plus vénérable des sanctuaires de notre Limousin ?

Hélas ! non, monsieur : je crois connaître un peu l'histoire artistique de « la gent cléricale » dans notre Limousin. Elle est écrite, du reste, cette histoire, elle est écrite pour vos regards autant que pour les nôtres, sur les murs si majestueux encore, mais aujourd'hui si dépouillés, si mutilés, si ébranlés, de nos vieilles cathédrales de Limoges et de Tulle, de nos vieilles et monumentales églises de Solignac, du Dorat, de Saint-

Yrieix, de Saint-Junien, de Saint-Léonard, d'Eymoutiers, d'Obasine, de Beaulieu, de Meymac, d'Uzerche, de Brive, de Saint-Angel, d'Arnac-Pompadour. Cherchez bien, ai-je dit quelque part, cherchez : vous aurez peine à trouver dans toute la province des édifices comparables à ceux-là, — si ce n'est peut-être dans ces ruines grandioses, trop souvent faites par vos héros et par vous détestées, qu'on appelle, par exemple, Châlusset, Turenne, Ventadour, Merle, Montbrun, Lastours, Lavauguyon, empreintes gigantesques d'une génération qui peut bien rire de vos rires et dont le pied valait bien votre pied.

« La gent cléricale ! » Mais oubliez-vous, monsieur, que, seule au monde après le monde grec, l'Eglise, qui vous avait déjà tout sauvé : sciences, lettres, mœurs, civilisation, a su encore tirer de son sein un art de toutes pièces, un art sa propriété, original, complet, indépendant, plein de souffle, de force, de grâce,

d'harmonie, aussi différent de l'art gréco-
romain qu'il lui est supérieur, et dont
les monuments, semés à profusion sur
notre sol par des mains libérales, ravis-
sent l'admiration de l'architecte qui les
sonde autant que la contemplation du
théologien qui les approfondit ?. Faites
donc un essai : rendez-nous nos biens
d'église, nos biens volés par vos patriarches de 1793, et vous verrez encore si les
monuments ont pour ordinaire de défaillir
entre nos mains ; si notre vandalisme a
pour eux le secret de la mort ou celui de
la vie...

Est-il même besoin de vos restitu-
tions ? Qu'on demande à la ville de Limoges qui va lui terminer sa belle cathédrale, si c'est son évêque ou si ce sont
les hommes de la Révolution. Qu'on demande à la ville du Puy qui a posé sur
son rocher Corneille le bronze le plus
monumental qu'ait contemplé le monde.
Qu'on demande à la ville de Nice qui a
bâti pour ses nombreux étrangers la

magnifique église Notre-Dame. Qu'on demande enfin à la ville de Boulogne qui lui a rendu sa somptueuse basilique, et qui a ainsi réparé pour la piété des siècles l'abominable dévastation des temps voisins de la Terreur.

Mais je ne veux pas vous faire courir aux deux bouts de la France. Un jour que vous aurez quelque loisir, prenez tout doucement le train du Midi et descendez seulement jusqu'à Figeac. Vous avez là une petite ville qui n'est pas sans intérêt, je vous le garantis, pour un archéologue tel que vous. Vous y distinguerez sans peine une vieille église bénédictine, qui sans peine aussi vous paraîtra l'orgueil de la cité. Elle est l'ouvrage successif de six ou sept siècles, parmi lesquels il faut bien compter le nôtre, hélas ! dépourvu passablement de cachet et de figure. Vous serez surpris de l'air de fraîcheur de ces vieux piliers romans, de l'air rajeuni de ces vieilles nervures ogivales. En levant le front, vous aperce-

vrez sous les voûtes des vitraux pleins
de flamme qui vous souriront dans toutes les fenêtres, et vous vous demande-
rez quelles mains ministérielles ont
ainsi guéri les ravages du temps. Mon
Dieu ! monsieur, ces mains ministérielles sont des mains bien connues à Figeac : elles n'ont d'autre ministère que
le salut des âmes, d'autre portefeuille que
la piété publique, et portent simplement
le nom de l'archiprêtre de l'endroit, de
M. Massabie.

Croyez-vous franchement que M. Massabie soit seul de son espèce autour de
nous ? Qui donc a bâti à Moulins la somptueuse église paroissiale consacrée au
Sacré-Cœur ? Un pauvre prêtre. Qui a
sauvé d'une ruine imminente l'ancienne
basilique de l'abbaye de Fontgombaud ?
Un pauvre prêtre. Qui a doté le diocèse
de Toulouse de la charmante église-
modèle de Roquefort ? Un pauvre prêtre.
Qui a relevé le premier cet antique pèlerinage, honneur de la religion, de la

poésie, de l'art, comme de la nature, qu'on nomme Roc-Amadour, et qui est la première des beautés du Quercy comme il fut autrefois la première des gloires de l'Église de Tulle ? Un pauvre prêtre ; encore, et toujours, et partout un prêtre du bon Dieu.

Laissez-moi vous citer une page de Montalembert. Elle est un peu vieille, elle date de 1833 ; ce qui veut dire seulement qu'il faudrait à cette heure l'étendre de beaucoup. Je l'emprunte à un ouvrage où nos « erreurs » de ce temps-là, nos erreurs *restauratrices* ne sont pas épargnées, où vous trouverez par conséquent matière à réfléchir : *le Vandalisme en France*, lettre à Victor Hugo.

« Dans les nombreuses tentatives que j'ai faites pour réveiller dans différentes localités le respect de l'art national et chrétien, le culte de ses sacrés débris, je n'ai trouvé *que chez les ecclésiastiques la sympathie et l'intelligence nécessaires pour goûter ces idées*. [S'il s'est commis des fautes, dans les réparations, dans les reconstructions, c'est au défaut d'études, au mauvais goût du temps, aux influences subies qu'il faut les imputer. Les exemples du mérite contraire ne font du reste pas défaut.] J'ai déjà parlé du soin qu'avait mis M. Laugier, curé de Saint-Maximin, à préserver son église du vandalisme restaurateur. Je dois rendre le même hommage à M. Chatrousse, ancien curé de Vienne, qui a fait dans son admirable cathédrale de Saint-Maurice des réparations aussi généreuses que conformes à la primitive architecture de ce saint édifice, dont le vieux front semble se mirer avec tant de majesté dans les eaux du Rhône. A Toulouse, l'ancien curé de Saint-Sernin a défendu victorieusement son église contre les badigeonneurs du conseil de fabrique, qui voulaient faire disparaître comme inutile un trône épiscopal avec dais, du xv⁰ siècle, en pierre sculptée avec la plus grande délicatesse. Enfin, au moment où j'écris, de jeunes prêtres, qui ont eu le courage de projeter au milieu de nos orages et de nos misères le rétablissement des sérieuses et solitaires études de la congrégation de Saint-Maur, viennent, en s'installant à l'abbaye de Solesmes dans le Maine, de sauver les célèbres sculptures de Germain Pilon * qui décorent cet édifice, qui trois mois plus tard seraient tombées sous le marteau destructeur, et que certes ni le gouvernement ni les autorités locales n'auraient jamais songé à défendre. »

Mais, si vous le voulez bien, ne nous écartons pas trop et revenons en Limousin. Savez-vous, monsieur, — qu'on me permette de le dire — savez-vous qu'il faut être fameusement osé pour venir, en ce pays, à propos d'art, d'histoire ou d'archéologie, taper sur le dos de « la gent cléricale ? » Les seuls écrivains qui nous aient légué les faits et gestes de

---

* M. de Montalembert se trompe ici : ces sculptures sont l'œuvre d'une main inconnue.

notre moyen-âge, Adémar de Chabannes,
Geoffroy de Vigeois, Bernard de la Guyo-
nie, Itier de Saint-Martial, Etienne Ma-
leu, appartiennent tous au monde clérical,
sinon même au monde monacal. Ils sont
suivis, avec le cours des âges, d'hommes
tels que Pardoux de la Garde, Collin,
Descordes, Bertrand de Latour, Bona-
venture de Saint-Amable, Baluze, Honoré
de Sainte-Marie, sans compter ces deux
prêtres aussi modestes que savants qui,
sur la fin du dernier siècle ou sur le seuil
de celui-ci, nous ont laissé de manuscrits
une quantité si précieuse et si considé-
rable. M. l'archéologue du journal républicain de Limoges n'a donc jamais entendu parler des abbés Nadaud et Legros?
Je pourrais bien lui citer d'autres noms,
invoquer tour à tour Petiot, Bandel, Tho-
mas d'Aquin, Rougerie, Duclou, Oroux,
Devoyon, Bullat, Vitrac, Leymonerie,
Béronie, Labiche de Reignefort, et même,
si l'on veut, ce malheureux Foucaud dont
les *Fables* ont donné tant de relief au

dialecte local. Mais je ne veux m'arrêter qu'à deux noms, à deux noms absolument modernes et qui pourront suppléer tous ceux de leurs contemporains : MM. les abbés Texier et Arbellot. La réputation du premier me dispense de tout éloge ; il suffit à l'honneur du second de sa *Dissertation sur l'apostolat de saint Martial,* et de son titre de président d'une Société locale où nul, sans contredit, ne lui demandera quelle valeur ont ses chevrons.

A quoi bon d'ailleurs tout ce panégyrique ? L'énumérateur de ces diverses gloires n'a-t-il pas, lui aussi, Monsieur le Rédacteur, le tort d'appartenir à « la gent cléricale » ? « On sait, disait un jour M. Sauvestre — l'ex-fouetteur si bien fouetté de Bonnétable, — ce que vaut l'histoire écrite par des prêtres. » Eh bien, soit ! vous avez raison, je vais me taire et céder la plume à des mains qui, du reste, la tiendront bien autrement que moi. Il ne s'agira plus des barbaries ou des services du monde clérical : nous assisterons aux œuvres immortelles des grands patriarches de la Révolution. Ce ne sera ni un moine, ni un jésuite, ni un prêtre, ni même un simple cafard : ce sera l'un des vôtres, Mercier, Mercier, le girondin, le théophilanthrope, l'auteur du *Tableau de Paris* et de *l'An 2440*, qui nous renseignera. Attention au tableau ! il est fait de main de maître et vaut la peine d'un regard.

II

Journée du 10 août. — C'est maintenant que ce même peuple, oubliant sa magnanimité, va déshonorer sa victoire. Altéré de sang et de vin, il s'enivre dans les caves. Sa cruauté va se tourner en férocité. Tous ses vices les plus hideux vont se découvrir et se trahir...

L'incendie du palais de Priam ne présente pas un plus épouvantable désordre (que celui des Tuileries). Les escaliers résonnaient sous les pas précipités des filous, des escrocs, qui montaient, qui descendaient, qui se croisaient, qui se heurtaient, qui couraient dans les corridors, pénétraient dans toutes les chambres ; ils avaient déjà fracturé les secrétaires du roi, de la reine, de Madame Elisabeth, des femmes de la cour. Assignats, or, argent monnayé, montres, bijoux, pierreries, diamants, écrins, tant d'objets précieux leur étaient déjà tombés en partage. Des manœuvres se promenaient hardiment dans la galerie avec des montres à chaînes de brillants. D'autres, voleurs de profession, dégalonnaient les habits des gens du roi, faisaient main-basse sur la garde-robe, pillaient les étoffes, le linge, l'argenterie de table, les liqueurs, les bougies, les livres des bibliothèques, en un mot tous les effets qui pouvaient s'emporter clandestinement : on brisa des vases de porcelaine du plus grand prix pour en enlever les attaches. (Tome 1, page 150, de l'ouvrage intitulé le *Nouveau Paris*, an V ou 1797-98 *.)

—

Les statues des rois étaient tombées ; celle de Henri IV restait encore debout. On fut indécis si on l'abattrait ; le poème de la *Henriade* militait en sa faveur, mais il était aïeul du roi parjuré. Cette statue jusqu'alors vénérée subit le même destin..... Il eût passé pour sacrilége, celui qui aurait insulté naguère à cette effigie ; c'était une image pour ainsi dire sacrée, et la voilà honteusement mutilée et foulée aux pieds !

On devait élever sur cet espace un monument digne de la régénération et consacrer par une figure colossale l'insurrection la plus éclatante qu'on ait vue chez aucun peuple. Les vandales qui scélératisèrent ce grand et beau monu-

---

* Cet ouvrage a été, de nos jours, réimprimé en deux volumes, sous le titre : *Paris pendant la Révolution (1789-1798)*. Je le cite, bien entendu, sans réflexions aucunes : le lecteur fera de lui-même les réserves qu'il comporte.

ment, aimèrent mieux bâtir d'énormes polichinelles de bois, vils emblèmes du fédéralisme terrassé, et le peintre David prêta ses crayons à ces infamies doublement déshonorantes pour les arts et pour la vérité.

En érigeant ces colosses de bois, en dénaturant à la fois l'humanité et le goût, en apothéosant les plus vils des humains, ils n'en répétaient pas moins d'une bouche emphatique : *Les arts ! les beaux-arts !* comme s'ils eussent fait sortir de dessous leurs ciseaux la *Vénus de Médicis* et l'*Apollon du Belvédère*. (Tome I, page 214.)

—

...... Il n'y avait plus qu'un pas à faire pour porter la hache révolutionnaire sur les autels chargés d'or et d'argent ; nus, ils auraient pu échapper à la main destructive.

Les progrès de l'irréligion furent très rapides parmi cette plèbe qui s'arma tout à coup de leviers et de marteaux

pour briser les effigies sacrées devant
lesquelles elle ployait le genou six mois
auparavant. On lui persuada sans peine
qu'il lui était utile de transformer les
temples en magasins, les calices et les
croix de vermeil en monnaies, les grilles
en boulets, les chérubins de cuivre en
canons. La plèbe s'imagina que, d'après
le décret de la souveraineté nationale, à
elle seule était dévolu le droit de tout
pouvoir, de commander à tout et de ne
point obéir. Bientôt, au milieu de la cé-
lébration des offices, elle entendit reten-
tir avec joie les marteaux des serruriers
qui ébranlaient et renversaient les balus-
trades des chapelles.

Des sculpteurs gagés effacèrent labo-
rieusement avec le ciseau, sur toutes les
épitaphes, les titres des familles nobles.
L'on ne voulut plus que les archives de
la piété filiale, que les souvenirs consa-
crés par les regrets de l'amitié appelas-
sent davantage les regards des hommes
sensibles ; les monuments, les tombeaux

furent attaqués, et d'avares maîtres-maçons se présentèrent en foule pour exécuter le plan des comités de démolition.

Il y eut des entreprises pour enlever tous les saints de leurs niches, pour déloger toutes les vierges, pour effacer les armes sur toutes les tombes ; on suspendit de périlleux échafauds pour aller gratter sur des voûtes, à perte de vue, des figures de papes que depuis cent années des araignées cachaient sous le noir tissu de leurs toiles héréditaires. Que dis-je ? Les anges et les archanges furent mutilés : sainte Thérèse en devint camuse, l'Enfant-Jésus n'eut plus de tête, saint Paul était sans bras, les Christs étaient tombés la face contre terre. Le sabre, la pique et la lance s'amusèrent des blessures portées à tous ces simulacres. Le rire et la folle joie présidaient à cette guerre imprévue contre ce que la religion et les arts avaient offert jusqu'alors de plus sacré et de plus inviolable.

On ne procédait pas à ces destructions avec la fureur du fanatisme, mais bien avec une dérision, une ironie, une gaieté saturnale, bien propre à étonner l'observateur.

L'on descendit dans les caveaux où la mort rassemble ses paisibles victimes. Là, un commissaire révolutionnaire, un flambeau à la main, chercha curieusement dans ces cendres quelques vestiges de la féodalité ou l'empreinte usée de quelques pièces d'or ou d'argent.

Des époux inséparables pendant leur vie semblaient l'être pendant leur trépas. Leurs reliques furent dispersées. Des épitaphes conservatrices du souvenir des actions de nos plus fameux guerriers et de tant de personnages illustres furent enlevées, parce qu'elles se trouvaient dans un temple, et jetées avec les débris des autels dans un dépôt, comme des moëllons informes dans une carrière.

Les menuisiers, les serruriers, les orfèvres, les courtiers, les revendeurs à la toilette même, vinrent mettre à l'enchère tous les objets séquestrés sortis des églises et des armoires des sacristies, et l'on vit, dans les boutiques des fripiers, des chasubles qui pendaient à côté de pantalons.

Quelques jours avant le préliminaire de ce richissime inventaire, l'on avait vu des prêtres en habit séculier célébrer la messe avec des calices de verre ou des coquetiers en étain.

On a brisé, on a vendu les grilles resplendissantes d'or de la métropole, la belle boiserie du chœur des Chartreux ; le magnifique baldaquin du maître-autel de l'église des Invalides fut renversé dans la poussière.

Que de châsses, jadis étincelantes du feu des rubis, ont disparu, brisées, morcelées, et l'on devine par qui ! Toutes ces pierres précieuses circulent dans les mains des négociants étrangers.

On a vu briller aux doigts de ces présidents de comités révolutionnaires les émeraudes qui décoraient les soleils (les ostensoirs). Tel d'entre eux s'est fait tailler des culottes de velours à pleines chapes, et plusieurs ont, pour la première fois, porté des chemises, faites avec les aubes des enfants de chœur.

Toute l'argenterie des églises de quatre-vingt-trois départements, celle de la Belgique, est venue s'engouffrer dans les creusets de la Monnaie.

Ces dilapidations furent bientôt suivies des fêtes extravagantes dont Paris donna le premier exemple à tous les départements de la France. Les acteurs qui y figurèrent étaient encore ivres de l'eau-de-vie qu'ils avaient bue dans les calices, après avoir mangé des maquereaux sur les patènes. Montés à califourchon sur des ânes, dont les chasubles couvraient le derrière, ils les guidaient avec des étoles ; ils tenaient empoignés de la même main burettes et saint-sacrements. Ils s'arrêtaient aux portes des tabagies, tendaient les ciboires, et les cabaretiers, la pinte à la main, les remplissaient trois fois. Des mulets suivaient, surchargés du poids des croix, des chandeliers, des encensoirs, des bénitiers, des goupillons ; ils rappelaient les montures des prêtres de Cybèle, dont les paniers remplis des instruments de leur culte, servaient à la fois de magasin, de sacristie et de temple.

Cependant, dans les cours, on brûlait tous les saints et les crucifix de bois ; les flammes des bûchers allongeaient leurs langues jusqu'au deuxième étage des maisons, et chacun ouvrait ses fenêtres pour y jeter les livres que le jacobinisme avait condamnés.

Le 20 novembre 1793 mit le comble à ces folies irréligieuses. Vint une foule immense d'hommes rangés sur deux lignes et couverts de dalmatiques, chasubles et chapes; on portait sur des brancards des calices, des ciboires, des soleils, des candélabres, des plats d'or et d'argent. A cette riche offrande, la gaieté s'empara de la troupe qui l'apportait ; elle demanda pour prix de son zèle et en signe de triomphe, de danser à l'instant même la carmagnole. La Convention nationale y consentit et plusieurs membres sortant de leur chaise curule prirent par la main les filles revêtues d'habits sacerdotaux et dansèrent la carmagnole. (Tome II, page 92.)

Les églises tombent de tous côtés ; encore quelques années et l'on ne saura plus où gisaient les églises des Cordeliers, des Jacobins, des Augustins, des Carmélites, des Bernardins, de Sainte-Opportune, de Saint-Jean-en-Grève et de Saint-Germain-le-Vieux.

Saint-Jacques-la-Boucherie, dont le souvenir se perdait dans la nuit des temps, et dont la tour, voisine des nuages, défia constamment les carreaux du tonnerre et en fut épargnée, tombe en ce moment sous la puissance du marteau. Cette église coûtera bien plus à démolir qu'elle n'a coûté à bâtir.

Ces temples gothiques, sous les voûtes desquels les araignées filaient paisiblement leurs toiles héréditaires, ne résonneront plus du chant timide des enfants de chœur, ni du chant même des religieuses.

Et cette cloche solitaire, au son prolongé, que tout Paris distinguait dans le silence des nuits, n'appellera plus à matines ces moines fameux [qu'on a chassés de partout]. (Tome II, page 296.)

—

Vous rappelez-vous, lecteurs, ces rois du portail Notre-Dame, ces masses informes, aussi épaisses que des éléphants, qui formaient un long cordon dans les niches du frontispice de la première église de Paris ? Toute la première race était là, bien noircie par le temps ; mais enfin on distinguait les monarques de pierres contemporaines des siècles, et qui, dans un jour, ont été renversées par terre.

Savez-vous ce qu'ils sont devenus ? L'un, sur l'autre, entassés derrière l'église, ils restent enterrés sous les plus sales immondices. Leurs formes monstrueuses attirent les regards, et, lorsqu'on les voit encore, leurs gros sceptres à la main, leurs différentes et plaisantes mutilations font sourire de pitié; mais bientôt on réfléchit sur les singuliers arrêts du temps et les coups bizarres du sort.

Un grenadier, la pipe à la bouche, escalade le ventre rebondi de Charlemagne, et choque, sans peur comme sans reproche, son grand nez d'empereur ; tranquille, il promène sa vue sur les autres colosses ayant encore leur couronne en tête. Son camarade en fait autant, et dédaigne de savoir le nom du visage qu'il fouette et qu'il souille..... Tel est aujourd'hui dans Paris le nouveau Saint-

Denis ou plutôt le Muséum de ces anti-
ques et royales statues. Le curieux, le
traversant, se pince les narines et craint
que ces effigies, plus puantes que des ca-
davres, n'engendrent la peste. (T. II, 364.)

« Si Mercier revenait au monde, dit la *Revue de l'Art
chrétien* qui nous prête ces lignes, il verrait ces statues
replacées dans leurs niches et attirant l'admiration de
tous ceux qui ont le vrai sentiment de l'art. » On a fini
par comprendre sans doute que l'art des « cléricaux »
pouvait avoir quelque chose de bon. C'est égal : la faute
n'en est pas à l'esprit révolutionnaire. Si Notre-Dame
de Paris est encore debout, plus brillante expression
que jamais de la grandeur séculaire de notre vieille
France, ce n'est pas aux communards de 1871 qu'elle
devra sa gratitude. — J. R. R.

OUVRAGES DU MÊME AUTEUR

Servières et son Petit-Séminaire, in-18   1   »

L'Église de Saint-Pierre de Beaulieu et son Portail sculpté, grand in-8°   1   »

Promenade à Gimel (Corrèze), in-8°, avec 6 pl.   1   »

Notice historique et archéologique sur Castelnau de Bretenoux, in-8°   1   »

La Croix de Bassignac-le-Haut, grand in-8°, avec planche.

Deuxième Pèlerinage des Diocésains de Tulle à N.-D. de Lourdes (1874), in-18.

Deuxième Pèlerinage des Diocésains de Tulle à Paray-le-Monial (1875), in-18.

L'Excursion archéologique du Lot en août 1877, in-18.

Marcelline Pauper, in-32.

LIBRAIRIES

Tulle, Mme veuve Bouillaguet ;

Brive, M. Lalande ;

Beaulieu, Mme veuve Fronty.